Armin Täubner

Die Weihnachtsgeschichte

für Fenster und Wand
aus Tonkarton

Frech-Verlag Stuttgart

Fotos: frechverlag GmbH + Co. Druck KG, 70499 Stuttgart; Birgitt Gutermuth

Auflage: 8. 7. 6. 5. 4. | Letzte Zahlen
Jahr: 2000 99 98 97 96 | maßgebend

frechverlag GmbH + Co. Druck KG, D-70499 Stuttgart

ISBN 3-7724-1472-9 · Best.-Nr. 1472

Druck: frechverlag GmbH + Co. Druck KG, D-70499 Stuttgart

Vor nahezu zweitausend Jahren
hat sie sich zugetragen, aber sie ist jedes Jahr
wieder aktuell – die Weihnachtsgeschichte.

Weihnachtskrippen, kleine Aufführungen an
Heiligabend und sogar Filme bringen
die Ereignisse immer wieder in Erinnerung.
Aber was ist wirklich in der Bibel festgehalten?

In diesem Buch ist die wohl bekannteste
Weihnachtsgeschichte, die der Luther-Übersetzung,
mit der dazu passenden bildlichen Darstellung
aus Tonkarton verbunden.
Beides ergänzt sich gegenseitig. Der Text regt
dazu an, die Bilder nachzuarbeiten und
eigene Ideen zu verwirklichen.
Und die Bilder möchten dazu beitragen, den
Bibeltext wieder zu lesen, vorzulesen, zu erzählen.

Vor allem in der Gruppe macht es Spaß,
die einzelnen Figuren zu basteln und ein großes
Wand- oder Fensterbild zusammenzustellen.
Die Gestaltung der Szenen kann beliebig
variiert werden, da die Motive nicht dauerhaft
festgeklebt werden.

Ein frohes Weihnachtsfest

Jesu Geburt

-1-
Es begab sich aber zu der Zeit,
daß ein Gebot von dem Kaiser Augustus ausging,
daß alle Welt geschätzt würde.

-2-
Und diese Schätzung war die allererste
und geschah zur Zeit,
da Quirinius Statthalter in Syrien war.

-3-
Und jedermann ging, daß er sich schätzen ließe,
ein jeder in seine Stadt.

Lukas 1.2

-4-

Da machte sich auf auch Josef aus Galiläa,
aus der Stadt Nazareth,
in das jüdische Land zur Stadt Davids,
die da heißt Bethlehem,
weil er aus dem Hause und Geschlechte
Davids war,

-5-

damit er sich schätzen ließe mit Maria,
seinem vertrauten Weibe, die war schwanger.

-6-

**Und als sie dort waren, kam die Zeit,
daß sie gebären sollte.**

-7-

Und sie gebar ihren ersten Sohn
und wickelte ihn in Windeln und legte ihn

in eine Krippe;
denn sie hatten sonst keinen
Raum in der Herberge.

-8-

Und es waren Hirten in derselben Gegend
auf dem Felde bei den Hürden,
die hüteten des Nachts ihre Herde.

-9-

Und der Engel des Herrn trat zu ihnen,
und die Klarheit des Herrn leuchtete um sie;
und sie fürchteten sich sehr.

-10-

Und der Engel sprach zu ihnen:
Fürchtet euch nicht!
Siehe ich verkündige euch große Freude,
die allem Volk widerfahren wird;

-11-

denn euch ist heute der Heiland geboren,
welcher ist Christus, der Herr,
in der Stadt Davids.

-12-

Und das habt zum Zeichen:
ihr werdet finden das Kind in Windeln gewickelt
und in einer Krippe liegen.

-13-

Und alsbald war da bei dem Engel
die Menge der himmlischen Heerscharen,
die lobten Gott und sprachen:

-14-

Ehre sei Gott in der Höhe
und Friede auf Erden bei den Menschen
seines Wohlgefallens.

-15-

Und als die Engel von ihnen gen Himmel fuhren,
sprachen die Hirten untereinander:
Laßt uns nun gehen nach Bethlehem
und die Geschichte sehen, die da geschehen ist,
die uns der Herr kundgetan hat.

-16-

Und sie kamen eilend
und fanden beide, Maria und Josef,
dazu das Kind in der Krippe liegen.

-17-

Als sie es aber gesehen hatten,
breiteten sie das Wort aus,
das zu ihnen von diesem Kind gesagt war.

-18-

Und alle, vor die es kam,
wunderten sich über das,
was ihnen die Hirten gesagt hatten.

-19-

**Maria aber behielt alle diese Worte
und bewegte sie in ihrem Herzen.**

-20-

Und die Hirten kehrten wieder um,
priesen und lobten Gott für alles,
was sie gehört und gesehen hatten,
wie denn zu ihnen gesagt war.

Die Weisen aus dem Morgenland

-1-

Als Jesus geboren war in Bethlehem in Judäa
zur Zeit des König Herodes,
siehe, da kamen Weise aus dem Morgenland
nach Jerusalem und sprachen:

-2-

Wo ist der neugeborene König der Juden?
Wir haben seinen Stern gesehen
im Morgenland und sind gekommen,
ihn anzubeten.

Matthäus 1.2

-3-

Als das der König Herodes hörte,
erschrak er und mit ihm ganz Jerusalem,

-4-

Und er ließ zusammenkommen
alle Hohenpriester und Schriftgelehrten
des Volkes und erforschte von ihnen,
wo der Christus geboren
werden sollte.

-5-

Und sie sagten ihm:
In Bethlehem in Judäa;
denn so steht geschrieben
durch den Propheten:

-6-

„Und du,
Bethlehem im jüdischen Lande,
bist keineswegs die kleinste
unter den Städten in Juda;
denn aus dir wird kommen der Fürst,
der mein Volk Israel weiden soll."

-7-

Da rief Herodes die Weisen
heimlich zu sich
und erkundete genau von ihnen,
wann der Stern erschienen wäre,

-8-

und schickte sie nach Bethlehem
und sprach:
„Zieht hin und forscht fleißig
nach dem Kindlein;
und wenn ihr's findet,
so sagt mir's wieder,
daß auch ich komme
und es anbete.

-9-

Als sie nun den König gehört hatten,
zogen sie hin.
Und siehe, der Stern,
den sie im Morgenland gesehen hatten,
ging vor ihnen her,
bis er über dem Ort stand,
wo das Kindlein war.

-10-

Als sie den Stern sahen,
wurden sie hoch erfreut,

-11-

und gingen in das Haus
und fanden das Kindlein mit Maria,
seiner Mutter, und fielen nieder
und beteten es an

und taten ihre Schätze auf
und schenkten ihm
Gold, Weihrauch und Myrrhe.

-12-

Und Gott befahl ihnen im Traum,
nicht wieder zu Herodes zurückzukehren;
und sie zogen auf einem andern Weg
wieder in ihr Land.

Die Flucht nach Ägypten

-13-

Als sie aber hinweggezogen waren,
siehe, da erschien der Engel
des Herrn dem Josef im Traum
und sprach:
„Steh auf, nimm das Kindlein
und seine Mutter mit dir und
flieh nach Ägypten und bleib dort,
bis ich dir's sage;
denn Herodes hat vor,
das Kindlein zu suchen,
um es umzubringen."

-14-

**Da stand er auf und nahm
das Kindlein und seine Mutter
mit sich bei Nacht
und entwich nach Ägypten.**

Material:

Tonkarton in verschiedenen Farben
Butterbrotpapier oder
weißes Transparentpapier
Werkzeug; Bleistift, Schere,
evtl. Cutter samt Schneideunterlage,
schwarzer Filzstift, Klebstoff

1. Schablonen herstellen

Die einzelnen Teile werden nebeneinander ohne Überschneidungen mit Bleistift auf Transparentpapier gepaust. Anschließend wird das Transparentpapier mit den abgepausten Teilen auf einen dünnen Karton geklebt. Mit der Schere werden nun die Teile exakt ausgeschnitten.

2. Umrisse übertragen

Die Schablonen werden auf Tonkarton in der gewünschten Farbe gelegt und die Umrisse mit Bleistift nachgezogen. Manche Teile werden mehrmals benötigt.

3. Ausschneiden der Einzelformen

Zum Ausschneiden eignet sich am besten eine spitze, mittelgroße Schere. An manchen Stellen kann auch eine Nagelschere sehr hilfreich sein.

4. Zusammenkleben der Figuren

Die Einzelteile der Figuren werden bereitgelegt und können dann anhand der Fotos oder nach eigenen Vorstellungen zusammengeklebt werden. Es sollte stets berücksichtigt werden, daß bei Fensterbildern die Rückseite auch zu sehen ist.

5. Wand- oder Fensterbild?

Das Fenster setzt sich durch seine Größe Grenzen für die Gestaltung der Szenerie. Deshalb wird die Landschaft aus beigem oder hellbraunem Karton der Fenstergröße angepaßt und die Figuren entsprechend angeordnet. Es wäre durchaus möglich, rund ums Haus an allen Fenstern den Verlauf der gesamten Weihnachtsgeschichte mit diesen Figuren darzustellen.
An der Wand ist man freier und kann die Landschaft mit vielen Hügeln und Senken großzügig dimensionieren.

6. Verändern der Szenerie

Es ist nicht notwendig, daß die Figuren dauerhaft festgeklebt werden. Man hat vielmehr durch das Verwenden von Fixogum oder UHU haftfix die Möglichkeit, die Position der Figuren zu verändern. D.h. die Figuren lassen sich abnehmen und die Klebstoffspuren abrubbeln.

7. Vorschläge und Anwendungsmöglichkeiten

In der Familie aber auch in Schulen, Jugendgruppen oder Heimen kann die Krippenlandschaft gemeinsam gebastelt werden. Vorher wird genau abgesprochen, wer was macht. Jemand entwirft die Landschaft, ein anderer bastelt den Stall. Der dritte schneidet die Tiere aus, und dann sind noch die Könige, die Hirten und natürlich die Heilige Familie da, die auch ausgeschnitten werden sollen. Gemeinsam werden die Personen und Tiere in der Landschaft angeordnet. An den folgenden Tagen kann man dann die Positionen der Personen und Tiere verändern und somit die ganze Weihnachtsgeschichte nachspielen.